George R.R. Martin
Das Lied von Eis und Feuer

From the Sands of Dorne

Eine Ergänzung zu

A Game of Thrones

Das offizielle Kochbuch

Chelsea Monroe-Cassel

Zauberfeder Verlag, Braunschweig, Germany

Die englische Originalausgabe dieses Buches ist als eBook unter dem Titel *FROM THE SANDS OF DORNE* bei Bantam Books erschienen.
Mit freundlicher Genehmigung von Bantam Books, einem Imprint von The Random House Publishing Group, a division of Random House, Inc.
Einige der Rezepte in diesem Buch sind dem Blog der Autoren *The Inn at the Crossroads* entnommen, www.innatthecrossroads.com

Erste Auflage 2015

Text und Fotos: Chelsea Monroe-Cassel
Übersetzung: Diana Bürgel
Lektorat: Stephan Naguschewski
Art Direction: Christian Schmal
Satz und Layout: Christian Schmal
Herstellung: Tara Tobias Moritzen
Druck und Bindung: UAB BALTO print, Vilnius

Printed in Lithuania
ISBN: 978-3-938922-93-4
www.zauberfeder-verlag.de

CHELSEA MONROE-CASSEL

From the Sands of Dorne

EINE ERGÄNZUNG ZU

George R. R. Martin – Das Lied von Eis und Feuer

A GAME OF THRONES

DAS OFFIZIELLE KOCHBUCH

Zauberfeder

Inhalt

Einleitung

Dorne ist das exotischste aller Länder in Westeros. Da es tief im Süden des Kontinents liegt und durch eine hohe Gebirgskette vom restlichen Teil der Sieben Königslande abgeschnitten ist, hat sich Dorne seine kulturelle Unabhängigkeit bewahrt. Die dornische Identität ist von Überbleibseln ihrer rhoynischen Vergangenheit und von einer langen Geschichte des Widerstands gegen die Fremdherrschaft geprägt. Der Freiheitsdrang der Menschen hat in Verbindung mit der warmen, trockenen Witterung zu Kochtraditionen geführt, die so kühn sind wie Dorne selbst.

Ein heißes Klima bringt oft Menschen mit feurigem Temperament hervor – und es begünstigt eine reiche Ernte von scharfen Pfefferschoten. Darüber hinaus verlangt es nicht nur nach schnell zubereiteten Gerichten, sondern auch nach erfrischenden Getränken und gekühlten Desserts. Das dafür benötigte Eis wird oft in den Bergen gewonnen und in speziellen Eishäusern gelagert.

Auch fremde Einflüsse schleichen sich in Dorne ein. Handelsgaleeren sammeln sich in der Plankenstadt und löschen dort ihre Fracht, bestehend aus den östlichen Gewürzen, die von den Martells so sehr geschätzt werden. Dafür füllen sich die Schiffsbäuche im Anschluss mit Zitrusfrüchten, Oliven und dornischem Wein für King's Landing und die Freien Städte.

Bei der Zusammenstellung der Rezepte für diese Sammlung wollte ich keinen dieser Einflüsse außer Acht lassen. Daher habe ich auch Rezepte aufgenommen, die in Dorne existieren *könnten* und dabei die dornische Kultur, das Klima, den Zugang zu bestehenden Handelsrouten und die Verbindungen zu historischen Kulturen, die vielleicht Inspiration für Dorne geliefert haben, zugrunde gelegt. Diese Herangehensweise hat mir allerdings auch zahlreiche Beschränkungen aufgebürdet: Beispielsweise beinhalten viele der Gerichte in unserer Welt, die mir dornisch erscheinen, Tomaten. In Westeros gibt es aber keine Tomaten. Herausgekommen ist schließlich ein für die Welt von *Das Lied von Eis und Feuer* authentisches Buch. Den selbst entworfenen Rezepten habe ich einige bisher noch unveröffentlichte Rezepte hinzugefügt, die auf Gerichten aus *Ein Tanz mit Drachen* und *Die Dunkle Königin* basieren, dazu noch eines aus George Martins demnächst erscheinendem Band *The Winds of Winter*. Ich hoffe, ihr findet sie genauso köstlich und anregend wie ich. Mögen die scharfen Pfefferschoten dafür sorgen, dass ihr „Ungebeugt, Ungezähmt und Ungebrochen" bleibt.

Von Fan zu Fan grüßt euch eure

Chelsea

Anmerkung zu scharfen Pfefferschoten

In unserer realen Geschichte sind Pfefferschoten eine Zutat aus der Neuen Welt, in Westeros hingegen tauchen sie an vielen Orten auf, vor allem aber in Dorne. Zu unserem Glück finden immer mehr Sorten von Chilischoten ihren Weg auf unsere Märkte. Wenn ihr also das nächste Mal ein dornisches Gericht zubereiten wollt, dann lasst dieses Glas mit den roten Chiliflocken mal beiseite und probiert etwas Neues aus. Die folgende Liste ist keinesfalls erschöpfend, aber sie liefert einen guten Ansatzpunkt, von dem aus sich die weite Welt der Chilischoten erkunden lässt:

Aleppopfeffer ist ungefähr so scharf wie Ancho-Chili, allerdings haben diese Schoten eine ganz einzigartige, subtile Säure. Eine Prise gemahlene Aleppo-Chilischoten ist ein perfektes Topping für fast alle Speisen.

Die **Anchos** sind die getrocknete Form der Poblano-Chilischoten. Oft wird ihr Geschmack als süßlich, fast rosinenähnlich beschrieben. Im Allgemeinen sind sie mild bis mittelscharf.

Chipotles sind geräucherte, getrocknete Jalapeño-Chilischoten. Der rauchige Geschmack kommt deutlich durch, während sie gleichzeitig ziemlich scharf sind. Sie runden jedes Gericht wunderbar ab.

Bird's Eye Chilis sind winzig, aber sie geben eine lang anhaltende Schärfe ab. Intensiver Geschmack und Schärfe halten sich die Waage, daher überwältigen sie einen nicht, stellen aber auch jene zufrieden, denen Chilischoten gar nicht scharf genug sein können.

Die **Geisterchilis** passen vom Namen her vielleicht am besten zu einem dornischen Haus wie Manwoody, dessen Banner einen gekrönten Totenschädel zeigt. Schärfer geht es nicht mehr, und man sollte sehr, sehr vorsichtig mit ihnen umgehen.

Rezepte aus Dorne

Eier mit scharfer Wurst • Geröstete Kichererbsen • Pikantes Fladenbrot
Mit Käse gefüllte grüne Pfefferschoten • Zitronen-Ei-Suppe • Scharfe Shrimps
Feuriger Linseneintopf • Lamm mit Honig, Zitrone und scharfen Pfefferschoten
Kandierte Kumquats • Mit Nüssen gefüllte Feigen • Mandelschlange • Mittelalterliche Cremetörtchen • Helva • Granatapfelsirup • Blutorangen-Granita • Starkwein • Sekanjabin

Eier mit scharfer Wurst

Für 4 Personen • Vorbereitung: 5 Minuten • Tortillas: 15 Minuten • Zubereitung: 30 Minuten

Dieses Gericht erfordert eine sorgfältige Vorbereitung, aber das delikate Ergebnis ist den Aufwand wert. Hier versammelt sich eine ganze Reihe interessanter Aromen: mit Kreuzkümmel gewürzte schwarze Bohnen, eine Soße aus gerösteten roten Paprika und Wurst, cremiger Feta und Ei, alles auf einer selbst gemachten Tortilla. Dieses spannende, sättigende Frühstück ist genau das, womit ein wohlhabender dornischer Bürger den Tag beginnen würde.

Zutaten

120 g Maismehl
Salz
125 ml Wasser
2 geröstete rote Paprika
2 EL Olivenöl
2 stark gewürzte Würste, beispielsweise Chorizo oder Linguica, in Stücke geschnitten
2 Knoblauchzehen, gehackt
400 g schwarze Bohnen aus der Dose, abgetropft
4 Eier
1 Prise geräuchertes Paprikapulver
100 g zerbröckelter Ziegenkäse
glatte Petersilie oder Koriander, grob gehackt

Zuerst werden die Tortillas hergestellt: Maismehl und eine Prise Salz vermengen, dann langsam Wasser dazugießen, bis ein knetbarer Teig entstanden ist. Gründlich durchwalken, bis sich alle Zutaten gleichmäßig vermischt haben, dann den Teig in vier Portionen aufteilen und zu Kugeln formen. Jeweils eine Kugel zwischen zwei Lagen Backpapier legen und vorsichtig mit einem Nudelholz ausrollen, bis eine sehr dünne Tortilla entstanden ist. Dann behutsam das Backpapier abziehen. Auch den restlichen Teig entsprechend verarbeiten.

Eine Pfanne ohne Öl bei mittlerer Hitze erwärmen, dann vorsichtig eine Tortilla hineingleiten lassen. Auf beiden Seiten 1 Minute braten, bis die Tortilla goldbraun ist. So fortfahren, bis alle Tortillas fertig sind.

Als Nächstes die Paprika im Mixer pürieren und gerade genug Olivenöl (einen Esslöffel) dazugeben, damit eine geschmeidige Masse entsteht. Das Püree beiseitestellen. Die Würste in einem kleinen Topf bei mittlerer Hitze garen oder, wenn sie bereits gar sind, erhitzen. Das Paprikapüree dazugeben und noch eine Minute garen, dann den Topf vom Herd nehmen und beiseitestellen.

In einem weiteren Topf das restliche Olivenöl erhitzen und den gehackten Knoblauch dazugeben. Wenn der Knoblauch eine leichte Bräune annimmt und zu duften beginnt, die schwarzen Bohnen dazugeben und unter ständigem Rühren erhitzen. Beiseitestellen.

Aus den Eiern Spiegeleier machen und nach Geschmack dekorativ mit geräuchertem Paprikapulver und Salz bestreuen.

Dann alles zusammenfügen. Tortilla auf einen Teller legen, ein Viertel der Bohnen draufgeben und mit einem Spiegelei krönen. Ein paar Löffel von der Paprika-Wurst-Soße dazugeben und mit zerbröckeltem Ziegenkäse und Petersilie oder Koriander bestreuen. Servieren und genießen!

Anmerkung der Köchin: Soll es zum Frühstück etwas schneller gehen? Tortillas, Wurstsoße und Bohnen lassen sich auch problemlos am Vorabend vorbereiten. Dann muss man morgens nur noch alles aufwärmen und die Spiegeleier braten. Wenn man die Tortillas nicht selbst zubereiten möchte, kann man auch eine hochwertige fertige Maistortilla nehmen.

Geröstete Kichererbsen

Ergibt 700 g • Vorbereitung: 5 Minuten • Backzeit: 50 Minuten

Kichererbsen gehören zu den ältesten domestizierten Hülsenfrüchten und sind in der mediterranen Küche äußerst beliebt. Mit Honig überzogen und unterschiedlich scharf gewürzt, werden daraus kleine knusprige Delikatessen, die eine süße und zugleich pikante Geschmacksexplosion im Mund auslösen. Man kann sie gemütlich im Schatten eines Orangenbaums knabbern oder als Eiweißvorrat für unterwegs in die Satteltasche packen. Einen Nachteil haben diese leckeren kleinen Happen allerdings: Sie sind einfach viel zu schnell weg.

Zutaten

800-g-Dose Kichererbsen
100 g Honig
1 EL Olivenöl
2 TL Salz
½ TL gemahlener Zimt
1 TL Paprikapulver (am besten geräuchert)
1 TL Chipotle-Pulver
1 Prise gemahlener schwarzer Pfeffer oder gemahlene Paradieskörner

Den Ofen auf 190 °C vorheizen und ein Backblech leicht einfetten. Die Kichererbsen abtropfen lassen, trocken tupfen und die Schale entfernen (dies ist zwar kein Muss, aber eine gute Idee, da die Schalen sonst im Ofen verbrennen).

Die Kichererbsen auf dem Backblech verteilen und 45 Minuten oder so lange backen, bis sie knusprig sind. Dabei ab und zu bewegen. Den Ofen anlassen.

In der Zwischenzeit die übrigen Zutaten in einer mittelgroßen Schüssel verrühren. Die knusprig gebackenen Kichererbsen noch heiß dazugeben und alles gründlich vermengen, bis die Kichererbsen gleichmäßig mit der Gewürzmischung überzogen sind. Dann wieder auf das Backblech geben und weitere 5 Minuten backen. Wenn die Kichererbsen abgekühlt sind, sollten sie schön knusprig sein. Falls nicht, für weitere 5 Minuten in den Ofen schieben. In einem luftdichten Behältnis lagern.

Pikantes Fladenbrot

Ergibt 3 Fladenbrote • Vorbereitung: 15 Minuten • Gehzeit für den Teig: 1 Stunde • Backzeit: 5–7 Minuten

Weil es in Dorne höllisch heiß werden kann, werden die Bratöfen meist im Freien errichtet, wie es in vielen klimatisch ähnlichen Ländern bei uns der Fall ist. Doch auch draußen möchte niemand länger als unbedingt nötig neben diesen Öfen stehen. Da der Teig der Fladenbrote so dünn ist, sind sie schnell durchgebacken und bekommen eine knusprige Kruste. Diese geschmackvollen Brote geben eine wunderbare Zwischenmahlzeit ab, oder man serviert sie als leichtes Mittagessen mit etwas Käse und ein paar Oliven.

Zutaten

Für die Fladenbrote:
180 ml warmes Wasser
⅔ Päckchen Trockenhefe
1 EL Zucker oder Honig
2 EL Olivenöl
1 Prise Salz
300 g Mehl

Für den Belag:
1–2 Schalotten
2 Knoblauchzehen
1–2 geröstete rote Paprika
170 g Chorizo oder eine andere pikante Kochwurst, grob gestückelt
1 EL gehackte Petersilie
1 Prise Salz
1 Prise gemahlener Zimt
1 Prise Aleppopfeffer (muss nicht sein, ist aber lecker)

Das warme Wasser in eine mittelgroße Schüssel gießen, dann die Trockenhefe und den Zucker dazugeben. Die Mischung ruhen lassen, bis sie schaumig wird, dann Olivenöl, Salz und 240 g Mehl dazugeben. Weiter Mehl einstreuen (lieber etwas zu viel als etwas zu wenig), bis der Teig nicht mehr klebt und geknetet werden kann. Den Teig mehrere Minuten kneten. Die Schüssel ausspülen, abtrocknen und mit Olivenöl ausstreichen. Den Teig hineingeben und darin drehen, bis er mit einer Schicht Olivenöl bedeckt ist. Den Teig 1 Stunde ruhen lassen, bis sich sein Volumen verdoppelt hat.

Kurz bevor der Teig fertig ist, den Ofen auf 230 °C vorheizen und zwei Backbleche dünn mit Olivenöl bestreichen. Den Belag zubereiten: Schalotten, Knoblauch und Paprika in einen Mixer geben und pürieren, dann alle übrigen Zutaten dazugeben und so lange weitermixen, bis eine schöne, glatte, streichbare Paste entstanden ist.

Sobald der Teig gegangen ist, in drei gleich große Stücke teilen und jedes Stück rund ausrollen, bis ein sehr dünner Teigfladen entstanden ist, nicht dicker als 0,5 cm. Die Teigfladen auf die eingefetteten Backbleche legen und eine dünne Schicht der Paste darauf verstreichen, dabei keinen Rand lassen. 6 Minuten backen, bis die Kruste gerade golden wird. Die Fladenbrote vor dem Essen etwas abkühlen lassen.

Anmerkung der Köchin: Anstelle der Chorizo kann man bei diesem Rezept auch gut Linguica oder Andouille verwenden.

Mit Käse gefüllte grüne Pfefferschoten

Das Fest dauerte bis spät in die Nacht, und den Vorsitz hielt der grinsende Schädel auf seiner schwarzen Marmorsäule. Sieben Gänge wurden aufgetragen, zu Ehren der sieben Götter und der sieben Brüder der Königsgarde. Die Suppe war aus Eiern und Zitronen zubereitet, die langen, grünen Pfefferschoten waren mit Käse und Zwiebeln gefüllt.

– Ein Tanz mit Drachen

Ergibt 24 Stück • Vorbereitung: 15 Minuten • Backzeit: 30 Minuten

Scharfe Pfefferschoten gehören zu den Grundzutaten der dornischen Küche. Man verwendet sie einfach für alles, von Suppen bis zu Soßen. Obwohl diese Pfefferschoten hier einer Festtafel in Dorne angemessen wären, kann man sie auch einfach als modernen Snack genießen. Die knusprigen Schalotten bilden einen schönen Kontrast zum cremigen Käse, und der Joghurt mildert die Schärfe der Pfefferschoten.

Zutaten

2–3 Schalotten
12 Jalapeños, längs halbiert und gesäubert
170 g weicher Ziegenkäse
225 g griechischer Joghurt
2 EL Olivenöl

Den Ofen auf 180 °C vorheizen. Eine der Schalotten fein hacken. Ein Backblech leicht mit Olivenöl einfetten oder mit Backpapier auslegen. Die Jalapeños mit der offenen Seite nach oben darauflegen.

In einer mittelgroßen Schüssel Ziegenkäse, Joghurt und die gehackte Schalotte vermengen, dann die Masse gleichmäßig auf die halbierten Jalapeños verteilen. 20–30 Minuten backen, bis die Füllung leicht braun ist.

Währenddessen die übrigen Schalotten in feine Scheiben schneiden und mit dem Olivenöl in eine kleine Pfanne geben. Vorsichtig bei schwacher bis mittlerer Hitze braten, bis die Schalotten goldbraun und knusprig sind. Aus der Pfanne nehmen und auf Küchenpapier abtropfen lassen.

Sobald die Pfefferschoten fertig sind, auf jede ein paar der knusprigen Schalotten geben. Vor dem Essen ein wenig abkühlen lassen.

Zitronen-Ei-Suppe

Das Fest dauerte bis spät in die Nacht, und den Vorsitz hielt der grinsende Schädel auf seiner schwarzen Marmorsäule. Sieben Gänge wurden aufgetragen, zu Ehren der sieben Götter und der sieben Brüder der Königsgarde. Die Suppe war aus Eiern und Zitronen zubereitet, die langen, grünen Pfefferschoten waren mit Käse und Zwiebeln gefüllt.

– Ein Tanz mit Drachen

Für 3–4 Personen • Vorbereitung: 15 Minuten • Zubereitung: 20 Minuten

Zutaten

2 EL Olivenöl
2 Schalotten, fein geschnitten
60 g fein gehackte Karotten
750 ml Hühnerbrühe
80 g Kritharaki-Nudeln
abgeriebene Schale von 1 Zitrone
Saft von ½ Zitrone
1 großes Ei
gehackte Petersilie zum Garnieren
gemahlener Gewürz-Sumach zum Garnieren (optional)

Olivenöl in einem kleinen Topf auf mittlerer Hitze erwärmen. Die Schalotten und die Karotten dazugeben und 5 Minuten garen, bis die Karotten weich sind. Dabei aufpassen, dass die Schalotten nicht verbrennen. Den Topf beiseitestellen.

In einem mittleren Topf die Brühe zum Kochen bringen, dann die Hitze etwas reduzieren und die Kritharaki-Nudeln dazugeben. 8 Minuten simmern lassen, bis die Pasta gar, aber nicht zu weich ist. In einer Schüssel Zitronenschale, Zitronensaft und das Ei geschmeidig quirlen. Unter kräftigem Schlagen langsam eine Kelle der heißen Brühe in die Zitronen-Ei-Mischung geben; so wird das Ei gar, ohne auszuflocken. Anschließend die heiße Eimischung in den Topf zu der Brühe und der Pasta geben und 30 Sekunden weiterschlagen, bis sich alles verbunden hat. Den Topf vom Herd nehmen.

Die Suppe in Suppenschalen geben und die gebratenen Karotten und Schalotten darauf verteilen. Als Farbtupfer gehackte Petersilie – und nach Wunsch etwas gemahlenen Gewürz-Sumach – darüberstreuen. Guten Appetit!

Anmerkung der Köchin: Ich finde, der gemahlene Gewürz-Sumach passt sehr gut zu dieser Suppe, da er selbst etwas zitronig schmeckt, während seine erdigeren Geschmacksnuancen mit den übrigen, einfacheren Aromen dieses Gerichts verschmelzen.

Scharfe Shrimps

Horsd'œuvre für 4 Personen • Glacieren: 1 Tag • Zubereitung: 5 Minuten

Dorne ist zwar ein heißes und bergiges Land mit vielen Wüstengegenden, es ist aber auch zu weiten Teilen von Wasser umgeben. Im Norden liegt das Dornische Meer, im Süden das Sommermeer. Aus diesen Gewässern schöpft Dorne seinen Reichtum an Fisch und Meeresfrüchten, darunter auch Shrimps, die sich so scharf würzen lassen, dass sie dem dornischen Geschmack entsprechen.

Zutaten

250 ml Olivenöl
1 EL getrocknete scharfe Pfefferschoten (siehe Seite 6)
1 Prise geräuchertes Paprikapulver
1 Prise Salz
1 TL fein gehackter Koriander oder Petersilie
2–3 Knoblauchzehen, fein gehackt
abgeriebene Schale von ½ Zitrone
230 g rohe Garnelen, entdarmt und ohne Kopf

Öl, Pfefferschoten, Paprikapulver, Salz, Koriander oder Petersilie, Knoblauch und Zitronenschale in einem kleinen Behälter vermengen; die Mischung mindestens einen Tag durchziehen lassen.

Wenn die Garnelen zubereitet werden sollen, 2–3 EL der Marinade in eine Pfanne gießen und bei mittlerer Hitze auf den Herd stellen. Die Garnelen dazugeben und unter Rühren 5 Minuten braten, bis sie eine schöne rosa Farbe angenommen haben und durchgegart sind. Auf eine Servierplatte legen und genießen!

Anmerkung der Köchin: Diese Marinade ist sehr vielseitig und kann für eine ganze Reihe von Fleisch- und Fischgerichten verwendet werden. Je länger sie durchziehen darf, desto geschmackvoller wird sie und die Schärfe der Pfefferschoten kann in das Öl übergehen. Man kann sie bis zu einen Monat lang im Kühlschrank aufbewahren.

Feuriger Linseneintopf

Für 4 Personen • Vorbereitung: 20 Minuten • Zubereitung: 2 Stunden

Während unseres eigenen Mittelalters gehörten Linsen für die Menschen in vielen Teilen der Welt zu den Grundnahrungsmitteln, auch in jenen Gebieten, die Dorne ähneln. Obwohl Linsen oft kaum Eigengeschmack haben, kann man mühelos wahre Delikatessen aus ihnen zaubern, wenn man sie mit lokalen Gewürzen zubereitet oder mit domestizierten oder wilden Gemüsesorten serviert. In diesem Eintopf werten die pikanten Würste, das saftige Fleisch und die anderen geschmacksintensiven Zutaten die schlichte Linse ganz erheblich auf.

Die Würste in einer großen Kasserolle oder in einem großen Suppentopf scharf anbraten, bis das Fett austritt, dann in eine separate Schüssel geben, das ausgelassene Fett aber im Topf lassen. Das Olivenöl dazugeben und Zwiebeln, Knoblauch und die Aubergine 5 Minuten darin braten, bis alles weich und goldbraun ist. Die übrigen Zutaten mitsamt den gebratenen Würsten dazugeben und den Eintopf 1 ½ Stunden köcheln lassen, bis das Fleisch zart ist.

Anmerkung der Köchin: Der Sirup verleiht diesem Gericht einen intensiven, dunklen, fruchtigen Geschmack. Wenn man weder Granatapfel- noch Dattelsirup bekommen kann, geht es auch mit normalem Zuckerrübensirup.

Zutaten

2 scharf gewürzte Würste, klein geschnitten oder in Stücke gebrochen
2 EL Olivenöl
½ Zwiebel, klein geschnitten
1 Knoblauchzehe, gehackt
1 kleine Aubergine, gehäutet und gewürfelt
230 g Ziegen- oder Lammfleisch
60 ml Granatapfel- oder Dattelsirup
200 g braune Linsen
½ TL geräuchertes Paprikapulver
½ TL gemahlener Kreuzkümmel
1 TL Meersalz
1 Prise gemahlener Zimt
getrocknete scharfe Pfefferschoten ganz nach Geschmack (siehe Seite 6)
1 l Rinderbrühe

Lamm mit Honig, Zitrone und scharfen Pfefferschoten

Das Lamm hatte man in Zitrone und Honig gebraten. Dazu wurden Weinblätter gebracht, gefüllt mit einer Mischung aus Rosinen, Zwiebeln, Pilzen, außerdem feurige Drachenpfefferschoten. „Ich bin nicht hungrig", erklärte Arianne. ... Nach einer Weile zermürbte der Hunger jedoch ihre Entschlossenheit, also setzte sie sich und aß.

– Die dunkle Königin

Ergibt 24 Stück • Vorbereitung: 15 Minuten • Backzeit: 30 Minuten

Da die dornische Landschaft besser für die freie Herdenhaltung als für den Ackerbau geeignet ist, sind Lamm und Ziege dort beliebte Fleischsorten. Dieses Gericht fährt mit der kompletten dornischen Geschmackspalette auf: Aromen von Honig und Zitrone explodieren auf der Zunge, nach und nach ersetzt durch das Brennen der scharfen Pfefferschoten. Das Rezept für die dazu passenden gefüllten Weinblätter ist in *A Game of Thrones – Das offizielle Kochbuch* zu finden.

Zutaten

Saft von 1 Zitrone
2 EL Olivenöl
½ TL geräuchertes Paprikapulver
½ TL getrocknete scharfe Pfefferschoten (siehe Seite 6), oder ganz nach Geschmack
2 EL Honig, zusätzlich noch etwas zum Beträufeln
230–350 g Lammfleisch, in 2,5 cm große Stücke geschnitten

Zitronensaft, Olivenöl, Paprikapulver, Pfefferschoten und Honig in einer Schüssel gründlich vermischen. Das Lammfleisch dazugeben und mindestens 4 Stunden marinieren lassen.

Den Ofen auf 200 °C vorheizen und die Lammfleischstücke auf Bratspieße stecken, dabei ein kleines bisschen Platz zwischen den Stücken lassen. Für 4 Minuten in den Ofen schieben, dann die Spieße wenden und weitere 4 Minuten garen. Das Fleisch sollte beim Anschneiden außen dunkelbraun, innen aber noch rosa sein.

Die Spieße mit Honig beträufeln. Je nach Geschmack kann man sie jetzt noch einmal kurz unter den Grill legen, damit der Honig karamellisiert. Dabei sollte man jedoch aufpassen, dass das Fleisch nicht zu sehr durchgart. Die fertigen Lammspieße auf eine Servierplatte legen und genießen!

Anmerkung der Köchin: Lammfleisch kann teuer sein, wer sich aber schon die Mühe macht, dieses Gericht zuzubereiten, der sollte unbedingt auf hohe Qualität achten. Gutes Fleisch wird mit diesem Rezept wunderbar zart. Die Spieße kann man prima auf einem schlichten Reisbett oder zu Pilaw servieren.

Kandierte Kumquats

Ergibt 500–600 g • Vorbereitung: 5 Minuten • Zubereitung: 15 Minuten

Kumquats gehören zu den kleinsten Zitrusfrüchten, und Kumquatssträucher, die wahrscheinlich von jenseits der Narrow Sea nach Dorne gelangen würden, hätten sicherlich einen Ehrenplatz in den Wassergärten. Kumquats können zwar auch roh gegessen werden, aber wenn man sie kocht, entfalten sie eine geradezu dekadente Süße. Mithilfe dieses einfachen Rezepts lässt sich ein wunderbares kleines Dessert zaubern. Die zubereiteten Früchte schmecken einfach so oder auf einer Kugel Eis, und sie machen sich auch sehr gut als Garnierung oder als Gaumenerfrischer zwischen den Gängen.

Zutaten

500 g Kumquats, halbiert oder geviertelt, entkernt
375 ml Wasser
50 g Zucker
75 g Honig
1 Zimtstange
Mark von ½ Vanilleschote

Alle Zutaten in einem mittelgroßen Topf vermengen und bei mittlerer Hitze auf den Herd stellen. Die Mischung erwärmen, bis sie simmert, und 15 Minuten köcheln lassen, bis die Kumquats durchsichtig werden. Entweder ein wenig abkühlen lassen und dann sofort servieren oder in einem Deckelglas aufbewahren. Die fertigen Kumquats halten sich im Kühlschrank bis zu einer Woche.

Mit Nüssen gefüllte Feigen

Ergibt 14 gefüllte Feigen • Vorbereitung: 4–8 Stunden • Zubereitung: 30 Minuten

Sowohl Tee als auch Feigen sind in vielen mediterranen Gegenden beliebte Zutaten, und in diesen herrlich dekadenten Häppchen verbinden sie sich zu einer wunderbaren Kreation. Die weichen Feigen bilden einen schönen Kontrast zu den knusprigen, mit Honig überzogenen Nüssen und lassen Tee und Gewürze zu einem einzigartig aromatischen Sirup verschmelzen. Heraus kommt ein relativ einfaches, aber dennoch elegantes kleines Dessert, das selbst den anspruchsvollsten dornischen Gaumen schmeicheln würde.

Den Tee zubereiten, dazu die Teebeutel 3 Minuten in das kochende Wasser hängen. Die Feigen in eine kleine Schale geben und den Tee darübergießen. Die Feigen bei Zimmertemperatur 4 Stunden im Tee einweichen lassen oder über Nacht in den Kühlschrank stellen.

Die Feigen abgießen und die Flüssigkeit dabei auffangen. Dann die Feigen mit den Stielen nach oben in einen Topf stellen und gerade genug von der aufgefangenen Flüssigkeit darübergeben, dass sie bedeckt sind. 100 g Honig, die Zimtstange, die Koriandersamen und die Lorbeerblätter dazugeben und alles bei schwacher bis mittlerer Hitze erwärmen. Die Feigen 15 Minuten vorsichtig köcheln und anschließend abkühlen lassen. (Der Sirup sollte jetzt in etwa die Konsistenz von Ahornsirup haben. Wenn dies nicht der Fall ist, kann man die Feigen zum Füllen herausnehmen und die Flüssigkeit weiter einkochen lassen, bis die gewünschte Konsistenz erreicht ist.)

Die Nüsse mit den übrigen zwei Esslöffeln Honig vermengen und beiseitestellen. Sobald die Feigen so weit abgekühlt sind, dass man sie anfassen kann, mit einem scharfen Messer an einer Seite aufschneiden. Vorsichtig einen kleinen Löffel Füllung in jede Feige geben.

Zum Servieren die gefüllten Feigen mit dem Stiel nach oben auf einem kleinen Teller anrichten. Ein wenig Teesirup darüberträufeln und genießen!

Zutaten

- 2 Teebeutel (Schwarztee wie beispielsweise Darjeeling oder Assam)
- 500 ml kochendes Wasser
- 14 getrocknete Feigen, noch prall, mit Stielen
- 100 g und 2 EL Honig
- 1 Zimtstange
- 1 EL Koriandersamen
- 2 Lorbeerblätter, ein paar zusätzliche zum Garnieren (optional)
- 150 g grob gehackte Nüsse – Walnüsse, Pistazien oder Mandeln passen gut

Mandelschlange

Für 6–8 Personen • Vorbereitung: 1 Stunde • Backzeit: 20 Minuten

Einige der Dornischen sind für ihre Vorliebe für Schlangen bekannt, und diese Faszination ist vermutlich ebenso in ihre kulinarischen Kreationen eingeflossen wie in ihre Heraldik. Statt erst eine Giftviper fürs Abendessen zu erlegen, kann man auch diese etwas zahmere Version als Dessert auftischen. Die gebutterten Blätterteigschichten zerschmelzen im Mund und übrig bleibt eine wunderbare süße Nussfüllung. Mit starkem Tee serviert gibt diese Mandelschlange ein perfektes Frühstück oder einen Nachmittagsleckerbissen ab. Sie macht sich aber auch als Nachtisch sehr gut.

Zutaten

Für den gefüllten Blätterteig:
450 g ganze Nüsse, beispielsweise Mandeln, Walnüsse oder Pistazien
7 EL Butter, geschmolzen
60 g Puderzucker
75 g Honig
1 TL gemahlener Zimt
½ TL gemahlener Kardamom
13 Blätter Blätterteig

Für den Sirup:
150 g Honig
abgeriebene Schale von 1 Orange
⅛ TL Cayennepfeffer (optional)
2 ganze Gewürznelken
1 EL Rosenwasser oder Orangenblütenwasser
30 g gehobelte Mandeln

Den Ofen auf 180 °C vorheizen. Ein Backblech mit Backpapier auslegen.

Die ganzen Nüsse mit vier Esslöffel der geschmolzenen Butter, Zucker, Honig, Zimt und Kardamom in eine Küchenmaschine geben und mixen, bis die Nüsse sehr fein gemahlen sind und eine klebrige, aber bearbeitbare Masse entstanden ist. Die Füllung zu 12 cm langen und höchstens 1,5 cm breiten Rollen formen und kühl aufbewahren, während der Teig vorbereitet wird.

Vorsichtig drei Blätter des Blätterteigs nebeneinanderlegen, sodass sie sich an den Rändern 2,5 cm breit überlappen. Diese Stellen mit ein wenig der verbliebenen drei Esslöffel geschmolzener Butter versiegeln, dann die gesamte Oberfläche mit Butter bestreichen. Weitere drei Teigblätter darüberlegen und wieder mit Butter bestreichen. So fortfahren, bis man einen vierschichtigen Teig hat (wobei jede Schicht aus drei überlappenden Blätterteigblättern besteht). Das letzte Teigblatt für eventuelle Reparaturarbeiten aufbewahren.

Die Füllung aus dem Kühlschrank holen und die Rollen entlang einer der langen Kanten des Teigvierecks aneinanderlegen. Gegebenenfalls muss man sie etwas zurechtdrücken, damit es für die gesamte Länge reicht. An einem Ende ein kleines Stück für den „Kopf" der Schlange frei lassen. Wenn dies erledigt ist, vorsichtig den Teig um die Füllung herum aufrollen, dabei noch trocken gebliebene Stellen mit geschmolzener Butter bestreichen. So entsteht eine lange Schlange aus gefülltem Teig. Die Schlange vorsichtig zu einer Schnecke zusammenrollen und mit der Nahtstelle nach unten auf ein vorbereitetes Backblech legen. Das könnte ein bisschen schwierig werden, weil der Blätterteig leicht reißt. Dann heißt es dran bleiben und einfach weiter einrollen. Die Risse können im Anschluss mit dem übrig gebliebenen Teigblatt gekittet werden, aber das ist nicht unbedingt nötig. Wenn noch etwas von der geschmolzenen Butter übrig ist, auf der fertigen Rolle verteilen.

15–20 Minuten backen, bis der Teig eine tiefgoldene Farbe annimmt.

In der Zwischenzeit den Sirup zubereiten. Dazu Honig, Orangenschale, Cayennepfeffer und Gewürznelken in einen kleinen Topf geben. Bei mittlerer Hitze erwärmen, bis der Honig flüssig ist, dann vom Herd nehmen und das Rosen- oder Orangenblütenwasser dazugeben. Den Sirup abkühlen lassen, bis die Teigschlange fertig gebacken ist.

Schließlich den Sirup auf die Teigschlange streichen. Die beiden Gewürznelken aus dem Topf fischen und als Schlangenaugen in das Kopfende der Teigschlange stecken. Wenn der gesamte Sirup aufgebraucht ist, wird die Schlange mit den gehobelten Mandeln bestreut und serviert, so lange sie noch leicht warm ist. Wenn die Mandelschlange im Voraus zubereitet wird, sollte man sie ohne Abdeckung im Kühlschrank aufbewahren und vor dem Servieren zimmerwarm werden lassen.

Anmerkung der Köchin: Rosenwasser und Orangenblütenwasser findet man in gut sortierten Supermärkten, oft in der Spezialitätenabteilung. Sie verleihen vielen Gerichten ein wunderbares Aroma. Man kann auch einen kleinen Schluck in eine Schale mit Wasser geben und diese zum Händewaschen vor dem Essen bereitstellen.

Mittelalterliche Cremetörtchen

„Wenn du nicht so viele Cremetörtchen essen würdest, hättest du auch nicht solche Träume. Für Mädchen in deinem Alter, wenn ihr noch so unausgeglichen seid, ist reichhaltiges Essen nicht gut. Maester Toman sagt …"

„Ich hasse Maester Toman", rief Teora. Dann stürmte sie davon und überließ es ihrer Mutter, sie zu entschuldigen.

– The Winds of Winter

Ergibt etwa 50 Minitörtchen • Vorbereitung: 20 Minuten • Backzeit: 5 Minuten • Füllung: 20 Minuten

Obwohl sie aus einem deutschen Kochbuch aus dem 16. Jahrhundert stammen, stecken diese Törtchen voller exotischer Gewürze wie Kardamom und Safran und bringen so die reiche Gewürzpalette der dornischen Küche bestens zur Geltung. Weil sie gerade mal Häppchengröße haben und nicht allzu süß sind, besteht höchste Suchtgefahr. Das Aroma des Rosenwassers ist so fein, dass es die Gewürze wunderbar abrundet, und mit den unterschiedlichen Toppings sehen diese Törtchen richtig protzig aus.

Zutaten

Für den Teig:

375 g Mehl
225 g Zucker
4 EL kalte ungesalzene Butter
1 Prise Safran oder 1 Tropfen gelbe Lebensmittelfarbe
60 ml warmes Wasser

Für die Füllung:

4 Eier
500 ml Schlagsahne
1 Prise gemahlener Kardamom
1 Prise gemahlener Zimt
4 EL ungesalzene Butter
1 TL Rosenwasser
2 EL Puderzucker zum Bestäuben
je nach Wahl gehackte Pistazien, kandierte Zitrusfrüchte oder Ähnliches zum Garnieren

Den Ofen auf 180 °C vorheizen.

Für die Teigschälchen: Mehl und Zucker mischen und die Butter einarbeiten, bis ein sehr krümeliger Teig entstanden ist. Den Safran 5 Minuten im warmen Wasser ziehen lassen, bis das Wasser einen Gelbstich angenommen hat (oder stattdessen einen Tropfen gelber Lebensmittelfarbe ins Wasser geben). Schluckweise zum Krümelteig geben und einarbeiten, bis ein großer Teigklumpen entstanden ist. Den Teig 0,5 cm dick ausrollen und mit einer Plätzchenform Kreise mit einem Durchmesser von 5 cm ausstechen. Eine Backform für Minimuffins damit auslegen und für 5 Minuten in den Ofen schieben. Die Teigschälchen vorsichtig aus der Form lösen und abkühlen lassen.

Für die Füllung: Eines der Eier verschlagen und mit der Sahne in einen mittelgroßen Topf geben. Bei schwacher bis mittlerer Hitze erwärmen, bis die Mischung fast köchelt. Die Mischung kurz vor dem Köcheln vom Herd nehmen. In einer separaten Schüssel die drei übrigen Eier verschlagen. Unter kräftigem Rühren nach und nach 250 ml der heißen Crememischung unter die verschlagenen Eier ziehen. Dabei vorsichtig sein und nicht mit dem Schlagen aufhören, da das Ei sonst ausflockt. Anschließend die Mischung zurück in den Topf geben und bei schwacher bis mittlerer Hitze auf den Herd stellen. Kardamom, Zimt, Butter und Rosenwasser zu der Creme geben und unter ständigem Rühren 7–10 Minuten eindicken lassen. Wenn die Füllung eingedickt ist und wie ein weicher Pudding aussieht, abkühlen lassen.

Zum Schluss die Füllung in die vorbereiteten Teigschälchen löffeln, mit dem Puderzucker bestäuben und ganz nach Belieben verzieren. Die Törtchen halten sich im Kühlschrank mehrere Tage, aber frisch schmecken sie am besten. Bei Zimmertemperatur oder noch ganz leicht ofenwarm servieren.

Helva

Ergibt ungefähr 12 Stück • Zubereitung: 15 Minuten

Diese kleinen Delikatessen sind genauso buttrig lecker wie Shortbread, der Löffel Tahin verleiht ihnen allerdings ein etwas exotischeres Flair. Sie sind die perfekte Knabberei für einen Sommerausflug, lassen sich aber genauso gut im Winter vor einem schönen Kaminfeuer naschen.

Zuerst wird die Mehlschwitze zubereitet. Dafür die Butter bei mittlerer Hitze schmelzen lassen und nach und nach das Mehl unterrühren. Die Mischung vom Herd nehmen, wenn sie eine leicht rosagoldene Färbung annimmt. Tahin und Zucker unterheben und so lange weiterrühren, bis eine glatte Masse entstanden ist. Die Mischung sollte sich allmählich vom Pfannenrand lösen.

Mit zwei großen Suppenlöffeln eine Portion der Masse aufnehmen. Die Kellen der Löffel fest gegeneinanderdrücken, sodass die Mischung darin zu einer eiähnlichen Form gepresst wird. Überschüssige Masse abstreifen. So fortfahren, bis die Mischung verbraucht ist.

Nach Belieben je einen Pinienkern (oder auch eine andere Nuss nach Wahl) in die Mitte der Helvas drücken, so lange sie noch warm sind. Die Helvas halten sich mehrere Tage lang, auch ohne Kühlschrank.

Zutaten

110 g Butter
60 g Mehl
1 EL Tahin
110 g Zucker
Pinienkerne zum
  Verzieren (optional)

Granatapfelsirup

Ergibt etwa 250 ml • Zubereitung: 30–40 Minuten

Dieser wunderbar einfache Sirup ist ungeheuer aromatisch und passt zu vielen Gerichten, von Desserts bis zu Salaten. Wegen seiner konzentrierten Säure genügt oft schon ein kleiner Spritzer, eine geringe Menge reicht also eine lange Zeit.

Zutaten

500 ml Granatapfelsaft (etwa 4 Granatäpfel)
4 EL Rohzucker oder Honig
Nach Belieben: eine Prise gemahlener schwarzer Pfeffer/gemahlene Paradieskörner, Zitronensaft, Minze usw.

Alle Zutaten in einem Topf mischen und bei mittlerer Hitze 30–40 Minuten köcheln lassen, dabei gelegentlich rühren. Die Saftmischung sollte schon beim Kochen reduzieren und beim Abkühlen noch weiter eindicken. Wenn man sie als Soße für gefrorene Desserts verwenden möchte, sollte man sie vor dem Servieren mindestens eine Stunde abkühlen lassen.

Ansonsten lässt sich der Sirup für alles verwenden, für das man sonst Balsamicoessig zur Hand nimmt. Wem es gelingt, nicht alles auf einmal aufzuessen, der kann den Rest im Kühlschrank aufbewahren.

Anmerkung der Köchin: Natürlich kann man für den Saft auch selbst Granatäpfel ausdrücken, aber das spritzt sehr und ich habe es noch nie geschafft, mir dabei kein Kleidungsstück zu ruinieren. Stattdessen kaufe ich für dieses Rezept einfach eine kleine Flasche Granatapfelsaft im Supermarkt.

Blutorangen-Granita

Für 2 Personen • Vorbereitung: 5 Minuten • Gefrierdauer: 4 Stunden • Schaben: 20 Minuten

Nichts ist an einem drückend heißen Tag besser als ein gefrorenes Dessert. Da es in den Wassergärten reichlich Blutorangen gibt, haben die dornischen Köche eine Vielzahl von Verwendungsmöglichkeiten für sie aufgetan. Diese Granita ist erfrischend und fast ausschließlich süß mit nur einem ganz leichten Anflug von Schärfe.

Zutaten

500 ml Blutorangensaft (von etwa 5 Orangen)
75 g Honig
125 ml Wasser
1 Prise gemahlener Zimt
gemahlene Paradieskörner (alternativ schwarzer Pfeffer)
Minzblättchen zum Garnieren

Alle Zutaten in einem kleinen Topf vermischen und 5 Minuten erwärmen, bis sich der Sirup oder Honig gerade auflöst. Die Flüssigkeit in eine flache Schale oder Pfanne gießen und für mindestens 4 Stunden in den Gefrierschrank legen, bis sie vollständig gefroren ist. Dann das Eis kreuzförmig abschaben, bis ein schöner, großer Berg Granita entstanden ist. In gekühlten Schälchen mit Minzblättchen verziert servieren.

Starkwein

Während der Seneschall sprach, gingen die Diener zwischen den Gästen umher und füllten die Becher aus den Karaffen, die sie bei sich trugen. Es war dornischer Starkwein, dunkel wie Blut und süß wie Rache.

– Ein Tanz mit Drachen

Ergibt 750 ml • Vorbereitung: 30 Minuten • Durchziehdauer: 1 Tag

Was auch immer die Dornischen tun, sie tun es voller Enthusiasmus, und das gilt natürlich auch fürs Trinken. Starkwein ist im Grunde ein mit Brandy verstärkter Wein, also ähnlich einem Port. Mit diesem zum Teil historischen Rezept bekommt man zwar keinen echten Port, aber zweifellos einen starken, mit vielen Gewürzen verfeinerten Wein. Anders als die meisten aus Dorne stammenden Weine ist dieser nicht sauer, sondern weich und vollmundig, süß und schwer. Er hinterlässt eine anhaltende Schärfe im Mund, genau so, wie Prinz Doran es mag.

Zutaten

Für die Gewürzmischung:

40 g Zimtstangen, grob zerstoßen
40 g gemahlener Ingwer
15 g Paradieskörner (oder gemahlener schwarzer Pfeffer)
15 g Langer Pfeffer
10 g ganze Gewürznelken
10 g Kümmelsamen
10 g Galgant

Für den Starkwein:

440 ml Rotwein (siehe Anmerkung der Köchin)
80 g Rohzucker oder Honig
250 ml Brandy

Zuerst alle Gewürze miteinander vermengen. Diese Mischung reicht für mehrere Flaschen Starkwein, für eine Portion muss man nur etwa 10 g verwenden. Also 10 g der Mischung beiseitestellen und den Rest in einem luftdichten Behälter aufbewahren.

Den Wein mit dem Zucker oder Honig in einen Topf geben und bei mittlerer Hitze erwärmen. Dabei rühren, bis sich der Zucker vollständig aufgelöst hat. Die Hitze herunterregeln und die beiseitegestellte Gewürzmischung dazugeben. Den Wein 10–15 Minuten bei schwacher Hitze auf dem Herd lassen, dann zum Abkühlen beiseitestellen. Anschließend durch ein sehr feines Sieb oder einen Kaffeefilter in eine leere Weinflasche abseihen und die Flasche mit dem Brandy auffüllen. Die Flasche verschließen und den Wein vor dem Trinken mindestens einen Tag durchziehen lassen.

Anmerkung der Köchin: Für dieses Rezept sind die meisten Rotweine geeignet, am liebsten ist mir dafür jedoch ein Cabernet Sauvignon. Weder der Wein noch der Brandy muss teuer sein, weil man ja noch eine ganze Reihe aromatischer Zutaten dazugibt. Einige dieser Zutaten sind zwar nicht ganz einfach zu bekommen, doch der fertige Wein ist die Suche definitiv wert. Wenn man aber keinen Langen Pfeffer ausfindig machen kann, geht als Ersatz auch etwas mehr schwarzer Pfeffer, und den Galgant kann man auch durch die entsprechende Menge Ingwer ersetzten.

Sekanjabin

Reicht für mindestens 20 Gläser • Vorbereitung: 5 Minuten • Abkühldauer: 1 Stunde

Dieses Getränk ist unglaublich erfrischend und vielseitig. In unserer eigenen Welt stammt es aus der traditionellen persischen Küche, wo man es trinkt, um die Hitze des Wüstenklimas erträglicher zu machen. Die Flüssigkeit ist fast klar und leicht würzig, die Süße des Zuckers kontrastiert mit der leichten Säure des Essigs. Dieses Getränk käme vermutlich von jenseits der Narrow Sea nach Dorne.

Zutaten

Für das Konzentrat:

250 ml Essig (Rotweinessig oder Weißweinessig, beides geht, genauso wie Apfel- oder Champagneressig)
125 ml Wasser
450 g Zucker

Zutaten zum Aromatisieren ganz nach Wahl:

essbare Blütenblätter wie Rosenblätter, Borretschblüten oder Kamille
Kräuter wie Rosmarin, Minze, Thymian oder Salbei
Gewürze wie Zimt, Kardamom, Vanille oder Chili
Früchte (Beeren, Steinobst, Äpfel, Granatäpfel, Zitrusfrüchte und so weiter)
weitere Ideen: Tee, Gurke

Essig, Wasser, Zucker und die gewünschten Zutaten zum Aromatisieren in einen Topf geben und 5 Minuten köcheln lassen, bis sich der Zucker vollständig aufgelöst hat. Den Sirup durch ein Sieb (das bei besonders feinen Zutaten mit einem Mulltuch ausgelegt werden kann) in ein sauberes Behältnis abseihen und kühl stellen. Zum Servieren je einen Teil des Sirups mit fünf Teilen Wasser vermischen. Wer mag, kann auch mehr oder weniger Wasser dazugeben.

Dieses Rezept ist vor allem so großartig, weil es so leicht abwandelbar ist. Man fängt einfach mit den Basiszutaten an und fügt dann ganz nach Belieben weitere hinzu. Einige der Zutaten, wie Blumen, Kräuter und Gewürze, geben mehr Geschmack ab, wenn man sie gleich am Anfang mitköcheln lässt. Andere, wie Früchte und Gurke, machen sich besonders gut, wenn man sie in einen Krug mit dem fertig zubereiteten Sekanjabin gibt. Kleine essbare Blüten sehen in einem durchsichtigen Glas sehr hübsch aus, wenn sie an der Oberfläche treiben!

Es kommt auf die jeweilige Zutat und den gewünschten Geschmack an, wie viel man von den aromatisierenden Zutaten verwendet. Durch das Experimentieren mit unterschiedlichen Kombinationen kann man sein ganz eigenes Lieblingsrezept finden.

Über die Autorin

Chelsea ist in einer ländlichen Gegend im Bundesstaat New York umgeben von Kühen aufgewachsen, weshalb sie schon früh eine Vorliebe für kleine Farmen entwickelte. Ihre wahre Liebe allerdings fand sie, als sie ein Jahr in der Türkei verbrachte, wo in ihr eine Leidenschaft sowohl für Kulinarisches als auch für Geschichte geweckt wurde. Als Künstlerin und Fantasyfan hat sie eine große Vorliebe für fremde Sprachen, Schatzjagden und alles, was mit Honig zu tun hat. Zurzeit lebt sie mit ihrem Mann in einem alten Haus in Vermont, gemeinsam mit einem pensionierten Jagdhund und einer kugelrunden Manxkatze.

Danksagung

Was meine Toleranzschwelle in Sachen Schärfe angeht, bin ich ganz und gar undornisch. Ich musste mich daher auf zahlreiche Freunde und Familienmitglieder verlassen, die vorgekostet und mir auf diese Weise dabei geholfen haben, die Rezepte abzurunden. Vielen Dank an euch alle!

Außerdem gilt mein Dank George R. R. Martin, weil er unseren Appetit geweckt und mich zu weiteren Küchenabenteuern inspiriert hat. Es ist eindeutig *seine* Schuld, dass mein Gewürzregal aus allen Nähten platzt.